SERGIO TOPPI

TAROT PRIMITIF

Intuitives
ÉDITIONS

TAROT PRIMITIF

Concept et design : Pietro Alligo, Sergio Toppi,
Manfredi Toraldo
Illustrations : Sergio Toppi
Texte : Barbara Moore
Maquette : Pietro Alligo, Chiara Demagistris
Éditeurs : Elena Delmastro, Riccardo Minetti

Titre Original : *Primordial Tarot*
Publié pour la première fois par Lo Scarabeo.

Traduit de l'anglais par Sarah Idrissi

ISBN : 978-2-38297-014-0

www.editions-tredaniel.com
info@guytredaniel.fr
www.facebook.com/editions.tredaniel

collection
LO SCARABEO

SOMMAIRE

INTRODUCTION

Comme le laisse entendre son nom, le *Tarot primitif* explore nos instincts, nos émotions brutes, nos réactions physiques. Il s'immisce sous le vernis de la civilisation et de la psychologie et révèle les origines de nos comportements. Il part du principe que les humains sont des êtres de nature, avec tout ce que cela implique de beau et de terrible, de joyeux et de triste. Il vise à détruire les barrières du moi artificiel pour dévoiler notre identité profonde dans toute sa complexité, affranchie des compartiments auxquels nous avons recours pour rendre les choses propres et nettes. Le *Tarot primitif* n'a rien d'une promenade de santé. Il est sauvage – tour à tour cruel, terrifiant, émouvant et impressionnant. Il est, surtout, toujours vrai.

Bien qu'il permette, comme tout tarot, d'explorer les soucis du quotidien, ses réponses vont bien plus loin. Si vous l'interrogez sur une situation concrète, loin de vous livrer conseil sur la manière de la résoudre, il vous révélera vos peurs les plus enfouies ou votre pire arrogance – autrement dit les raisons mêmes de vos difficultés. Comme tous les tarots, il est hautement symbolique. La majorité d'entre nous n'a pas besoin de tuer pour survivre. Les chasseurs, la proie, la traque, tous les personnages et propositions de cet oracle sont des symboles.

Vous rencontrerez de nombreux chamans. Chacun est au service des besoins spirituels de sa tribu. Lors de votre lecture, ne considérez pas ces chamans comme des individus, mais comme la part de vous qui est (ou devrait être) au service de vos besoins spirituels. La mort physique, ou sa menace, est très présente. Là encore il faut y voir une métaphore – mort de l'ego, d'un comportement, d'un état d'esprit.

Les illustrations de ces cartes expriment bien leur intention, à savoir explorer nos réponses primaires, brutes, basiques. Elles sont parfois choquantes, puissantes, terribles ou touchantes. Les personnages ne sont pas toujours beaux ni parfaits, leur comportement non plus. La beauté et les jolies choses ne sont pas les seules à avoir de la valeur. Pensez à ce que vous ressentez face à une fleur, puis face à une montagne. Les illustrations de cet oracle relèvent de la montagne, non de la fleur.

La plupart d'entre nous s'attardent sur les symboles. Essayez de vous défaire de ce besoin d'un système et d'une symbolique. Le *Tarot primitif* explore plusieurs types de liens. L'esprit, le corps et l'âme ne sont pas des entités séparées : ils font partie d'un même tout. Les êtres humains et la nature font partie d'un même monde et sont reliés bien plus étroitement que nous le croyons. Lors du tirage, concentrez-vous sur votre ressenti. Observez vos réactions physiques et émotionnelles. Autorisez votre esprit à être choqué, horrifié ou touché par vos émotions, au lieu de chercher à comprendre. Ressentez. Laissez les cartes pénétrer votre peau, votre sang. Ensuite seulement, si vous le souhaitez, vous utiliserez la puissance de votre esprit pour leur donner du sens.

La structure du *Tarot primitif* est similaire à celle des tarots traditionnels. Cependant, les noms de certains arcanes majeurs, des arcanes mineurs et des figures changent. Vous trouverez ci-après les correspondances. Je vous encourage toutefois à ne pas utiliser les termes traditionnels – bâton, épée, coupe, denier, valet, cavalier, reine ou roi. Ce tarot vient d'un monde bien antérieur : l'emploi des dénominations modernes altérerait son pouvoir. En outre, les couleurs et les rangs ne sont pas directement corrélés. Oubliez le sens que vous accordez habituellement aux couleurs : vous ne vivriez pas pleinement l'essence du *Tarot primitif*.

Les cartes **bleues** forment la suite de l'**Âme** qui équivaut, approximativement, aux **Coupes**.

Les cartes **jaunes** forment la suite des **Bijoux** qui équivaut, approximativement, aux **Deniers**.
Les cartes **vertes** forment la suite de la **Nature** qui équivaut, approximativement, aux **Bâtons**.
Les cartes **rouges** forment la suite du **Sang** qui équivaut, approximativement, aux **Épées**.

Les cartes **Enfants** représentent approximativement les **Valets**.
Les cartes **Animaux** représentent approximativement les **Cavaliers**.
Les cartes **Femmes** représentent approximativement les **Reines**.
Les cartes **Hommes** représentent approximativement les **Rois**.

ARCANES MAJEURS

0. Le Fou

L'épopée humaine commence par la prise de conscience que chacun de nous est un être unique. Nous nous percevons distincts les uns des autres et tout à fait isolés – tout en nous souvenant que nous sommes connectés à un tout. L'œuf représente la naissance du Fou et la prise de conscience de soi. Son sourire dit qu'il est heureux d'être là, d'être lui, d'être dans ce monde incroyable rempli d'aventures de toutes sortes. Débordant d'enthousiasme et d'émerveillement, il est à l'aube de sa vie sur cette planète.

Signification : commencement, innocence, enthousiasme, départ d'une nouvelle étape de vie.

I. Le Magicien

Le magicien tend les bras vers le firmament, vers les dieux et les déesses célestes, comme pour attraper la sagesse à pleines mains. Il est ouvert, prêt à apprendre et à comprendre les secrets de l'univers. Ainsi comble-t-il son élan de création et sa volonté de changer le monde. Il lève vers les cieux des mains vides et un regard confiant : il sait qu'il est intimement connecté au divin et ne doute pas de trouver ce qu'il cherche. Il explorera les vérités du ciel et les appliquera à la terre. Il découvrira le fonctionnement du monde et l'appliquera au monde spirituel : puisqu'ils sont liés, ils sont chacun le reflet de l'autre.

Signification : volonté, compétence, compréhension, pouvoir de déplacement du physique vers le spirituel et inversement.

II. La Grande Mère

L'expérience humaine consiste à tracer sa voie dans le monde physique tout en cherchant à revenir vers l'esprit. La Grande Mère représente notre connexion au divin, nos origines qui, parce que nous sommes des êtres de chair, s'incarnent dans un nouveau personnage. Nous voulons repartir d'où nous venons, revenir au ventre maternel – or ce chemin-là n'est plus accessible. La Grande Mère nous dit de le chercher dans des connexions symboliques et par le biais, joyeux et terrible, des émotions. Aussi loin que nous nous sentions, en continuant à chercher, nous trouverons des voies et une sagesse nouvelles.

Signification : connexion à l'esprit, sagesse, intuition, rêves, visions, pouvoir spirituel.

III. La Mère

Avec l'argile prélevée à la surface de la terre, la Mère façonne une chose neuve à laquelle elle insuffle la vie. Dans ce processus magique, elle combine le physique et le spirituel. Après avoir donné le jour, elle soigne et protège – ainsi son petit grandit pour atteindre son plein potentiel et accomplir sa destinée. La Mère comprend les cycles qui gouvernent toute vie sur terre et sait que la mort en fait immanquablement partie. Visage d'argile ou corps humain, tout finit par s'effondrer et revenir à la terre pour en renaître. L'esprit de la Mère est avec nous dès la naissance. Il nous accompagne tout au long de notre vie et nous pousse vers la sortie quand notre heure est venue.

Signification : maternité, naissance, mort, soin, tendresse, férocité, cycle de la nature.

IV. Le Père

Le Père comprend les besoins essentiels des siens : nourriture, sécurité, communauté. Pour les combler, il apprend du passé, veille au présent et anticipe l'avenir. Parce qu'il observe les saisons, il sait quand viendront l'abondance et le manque et se prépare pour chacun. Pour le bien de sa tribu, il exploite tous les outils et toutes les ressources à sa disposition. En même temps qu'ils contribuent à fonder une culture, les symboles abstraits, les tatouages et les éléments décoratifs l'aident à chasser et à diriger. Si tout prédateur sait que le combat n'est qu'un ultime recours, il sait aussi que c'est parfois la seule façon de protéger sa famille.

Signification : ressources, pouvoir, gouvernance, autorité, protection, desseins pour l'avenir.

V. Le Chaman

Grâce à sa pierre percée, le Chaman voit le passé, l'avenir et les autres mondes. Il dirige les cérémonies qui marquent les changements nécessaires et permettent aux siens de s'ancrer dans le cycle de la vie. Il honore les ancêtres et les esprits ; il veille à leur bien-être pour s'assurer de leur bénédiction, de leur aide et de leurs conseils. Il guide les âmes perdues vers leur être. Il patrouille aux frontières pour bouter les esprits dangereux. C'est un guerrier spirituel, un père et une mère pour son peuple. Il accomplit les rites qui l'accompagnent dans la naissance, la vie et jusque dans les bras de la mort.

Signification : responsabilité spirituelle, sagesse, cérémonie, rituel, protection spirituelle.

VI. L'Union

Nous portons en nous le souvenir d'une communion avec l'esprit et avec l'univers. Nous découvrons pourtant que nous en sommes séparés. Ce souvenir profond remonte pour nous guider vers l'Union. Nous éprouvons alors le désir d'aller vers les autres, de faire naître des intimités. Notre besoin d'union s'exprime dans notre désir passionné et notre besoin d'appartenance. Le lien tissé ne satisfait pas seulement notre besoin d'être liés aux autres : il nous sécurise. En nous unissant, nous choisissons la sécurité, la protection mutuelle. L'union nous rappelle que nous ne sommes pas seuls.

Signification : alliance, connexion, choix, désir, satisfaction d'un besoin profond.

VII. Le Chariot

Malgré son grand attachement aux saisons, l'être humain aime aussi la linéarité du mouvement vers l'avant. Le Chariot représente le désir de progresser, littéralement et symboliquement. Il implique l'idée du véhicule, puis la volonté de lui donner corps et enfin sa réalisation. Il est notre imagination mise en pratique. Les hommes préhistoriques peignaient leurs cavernes pour se porter chance à la chasse : ils avaient compris qu'écrire participait à l'accomplissement de l'objectif. Telles sont la magie et la promesse du Chariot : les idées imaginées et manifestées sont appelées à changer le monde.

Signification : invention, imagination, création, succès, progrès.

VIII. L'Abondance

La prise du chasseur évoque une veine tellurique : toute nourriture vient des entrailles de la terre. La terre nourrit toute vie, tant que son équilibre est respecté. Le chasseur sourit aux siens, heureux de savoir que tous pourront manger. Chacun aura sa part. Leurs besoins sont comblés, nul ne prend plus que nécessaire. Ils savent que la nature veille à l'équilibre. Le soleil est un cadeau précieux, mais trop de soleil fait mourir les plantes. Quand la nature se déséquilibre, elle se réajuste toute seule. Quand la vie humaine se désaxe, les hommes doivent la remettre d'aplomb – sinon la nature s'en chargera.

Signification : équilibre, équité, prospérité, chaque chose à sa place.

IX. L'Ermite

Préférant sa propre compagnie, l'Ermite s'éloigne de la société. Quand on choisit l'isolement, il est aisé de se perdre dans les méandres de son esprit. La réalité devient abstraite. Pourtant, il faut parfois devenir ermite. Fortes, insistantes, les voix tierces prennent parfois le pas sur notre propre voix intérieure. En cas de décision importante à prendre, si les bavardages et les distractions du monde nous empêchent de nous entendre penser, mieux vaut s'éclipser, se retirer un instant, couper court aux divertissements. Ainsi, dans le silence et la solitude, voire dans le jeûne et la prière, pouvons-nous entendre notre voix et retrouver notre chemin.

Signification : solitude, silence, écouter sa voix intérieure, abstinence, isolement.

X. Le Temps

Le Temps est une force complexe, il façonne nos vies de façon belle et troublante. Il est cyclique et linéaire, concret et abstrait. Nous ressentons ses cycles : nos âmes réagissent aux saisons, éclatantes et conquérantes en été, somnolentes en hiver. Nous percevons son avancée linéaire : nous vieillissons, certaines choses disparaissent et jamais ne reviennent, ou changent tant que ce qu'elles étaient n'est plus qu'un souvenir. Nous voyons la mort et nourrissons des regrets, puis chaque printemps fait éclore de nouvelles vies et nous emplit d'espoir. Le Temps nous échappe mais nous savons que le nôtre est la seule ressource que nous ne pouvons pas faire croître.

Signification : cycles de vie, changements, motifs, possibilités, chance.

XI. L'Énergie créative

Il est plusieurs formes de puissance, certaines brutales et destructrices. L'Énergie créative, elle, est transformatrice, elle naît de notre capacité à donner vie. Quand une vie nouvelle apparaît, loin de s'affronter pour tenter de se dominer, ses particules œuvrent ensemble. La création ne pourrait pas survivre sinon, ni croître et s'épanouir. L'Énergie créative nous permet, à partir des ressources disponibles, d'étudier leurs forces et leurs faiblesses et de trouver comment les mêler pour créer un tout supérieur à la somme des parties. Elle permet à la vie de grandir sans rien détruire inutilement.

Signification : créativité, alchimie, subtilité, préservation.

XII. Le Sacrifice

Le sacrifice de soi est une tradition chamanique destinée à se rapprocher de l'esprit. Affronter la mort force à se départir de toute pensée étrangère pour laisser place à une intense lucidité. Emplis d'effroi, nous tentons d'abord de nous raccrocher à la vie. Puis nous expirons et, face à la perte, notre conscience s'exalte et comprend des vérités si indéniables que nous les ressentons jusque dans notre moelle. Nous comprenons notre amour de la vie, notre gratitude profonde, notre désir de continuer à vivre. En réalité, nous découvrirons d'autres vérités quand la peur refluera et que nous serons comblés d'un sentiment nouveau et oublié.

Signification : détachement du monde physique, rituels visant à entretenir la sagesse, découverte de l'essence de la vie.

XIII. La Mort

La Mort est une force qui concerne tout ce qui vit. Elle n'est ni bonne ni mauvaise, bien qu'en affectant nos vies, elle apporte des émotions difficiles – tristesse, colère, manque. La mort physique est réelle, elle fait partie de la vie. Souvent, cependant, c'est à la mort de l'ego que nous sommes confrontés dans notre quête pour nous reconnecter au divin. Le rhinocéros illustre l'expérience de la mort physique. Il est aussi notre ombre, la part de nous à réinvestir pour retrouver notre entièreté. Il attaque l'ego en affaiblissant ses mécanismes de défense et en laissant mourir tout ce qui ne permet pas de croître.

Signification : changements, fin, mort, cours de la nature, perte nécessaire à la guérison.

XIV. La Source

L'eau est souvent qualifiée de source de vie. Elle est aussi la force qui, doucement et calmement, sculpte la terre. La terre contient et guide l'eau qui, en s'écoulant, creuse à son tour lentement la terre pour circuler plus facilement, sans détour. La vie nous fait parfois oublier notre besoin de nous abreuver, profondément, à la source. Littéralement ou métaphoriquement, toute chose a besoin d'eau pour vivre. Notre puits spirituel s'assèche et nous fanons. La Source nous rappelle que nous devons sans cesse y revenir pour nourrir notre corps, notre esprit et notre âme. En renflouant nos réserves, la source de vie coule en nous, nous purifie et nous guérit.

Signification : satiété spirituelle, purification, guérison, renouveau.

XV. Le Démon

Le Démon porte un masque, qui est un instrument important pour les rituels. Le masque sert à cacher, mais aussi à montrer. En portant un masque, nous libérons la part cachée de nous-mêmes pour la retrouver. Le masque nous permet aussi d'invoquer un esprit pour le vivre, le consumer, l'incarner. En arborant un masque, nous cachons, trouvons, révélons. Le démon est la part de nous que nous emprisonnons et qui, enfermée, s'effraie ou se fâche. Un animal apeuré ou furieux peut devenir dangereux. Le masque nous aide à retrouver et à aimer l'esprit exilé pour ne plus qu'il ne cause de souffrances. Nous ne pouvons être libres qu'une fois redevenus entiers.

Signification : aspect perdu ou caché du soi, réintégration, trouver ce qui a été perdu, liberté.

XVI. Le Menhir

Il a construit une haute tour. Il grimpe au sommet et s'émerveille de son œuvre mais contemplant la vue de là-haut, il est frappé de stupeur. L'horizon est bien plus loin qu'il ne l'imaginait, le monde plus vaste et plus complexe. Si les humains sont capables de choses étonnantes, la vérité est que chaque échelon d'intelligence ou de savoir-faire gravi soulève de nouvelles questions, de nouveaux problèmes, qui nous forcent à chercher des réponses et des solutions. Nos créations peuvent basculer sous le poids de leur ambition, parfois d'autres forces les anéantissent, parfois elles survivent et nous inspirent. Nous progressons et nous avançons, conscients du chemin qui reste à parcourir.

Signification : avancée dans les savoirs et les compétences, constructions, accomplissements, réponses, solutions.

XVII. L'Étoile

Le divin primitif place les étoiles, boules de feu, dans le ciel. Les humains sont faits du même matériau – mais ils l'ont oublié. La découverte du feu a facilité leur existence : ils ont eu lumière et chaleur, ils ont pu cuisiner, se sentir en sécurité. Le feu a tout changé. Il nous a donné l'impression d'être des dieux et nous a rappelé que nous sommes, depuis toujours, divins. Le feu sur terre fait écho à la part enfouie de nous-mêmes qui se souvient, qui a toujours su, que nous étions à la fois poussière et étoile. Les astres guident notre route, ils nous racontent des histoires. La régularité de leurs cycles nous donne la foi.

Signification : rêves, guide, espoir, foi, se souvenir de qui nous sommes.

XVIII. La Lune

Synonyme de puissance féminine, la Lune règne sur la nuit. Son pouvoir est incompris. On la dit changeante, volage, dissimulatrice et trompeuse. En vérité, la lune ne change jamais. Ce qui change, c'est la lumière qui la baigne et l'angle sous laquelle on la regarde. C'est l'environnement et la perception des autres qui changent. La lune vit dans l'obscurité, il faut l'éclairer pour la voir. Parce que la lumière qu'elle reflète est variable, tantôt vive comme le jour, tantôt noire comme l'asphalte, on la dit magique. Elle nous rappelle que les choses ne sont pas toujours ce qu'elles semblent être. Patience : en même temps que les circonstances changent, la vérité apparente de la situation change aussi.

Signification : spiritualité, surprises, magie, choses cachées ou révélées.

XIX. Le Soleil

Le Soleil gouverne les jours et le passage du temps. Son éclat apporte vie, lumière et clarté au monde. Il incarne l'abondance, la compréhension, la conscience ainsi que l'intelligence masculine, qui repose sur la logique, l'observation, les relations de cause à effet. Voir le soleil se lever chaque matin et se coucher chaque soir donne un sentiment de continuité. Nous dépendons de lui et nous savons que nous pouvons croire en son retour, même après la plus longue nuit de l'hiver. C'est la raison pour laquelle il symbolise la foi, la loyauté et la concorde.

Signification : clarté, compréhension, logique, fiabilité, concorde.

XX. La Proie

La Proie n'est pas que proie : elle est aussi traque et chasse. La chasse reste infructueuse tant que la proie n'a pas été saisie. La traque est une épreuve d'endurance, de compétence, d'audace et de patience. La proie et son prédateur tendent intensément l'oreille. Qui entendra l'autre le premier ? Qui mourra ? Qui mangera ? Qui survivra ? Qui prospérera ? Métaphoriquement, c'est une initiation. Le chasseur est formé, aussi prêt que possible, or rien ne peut le préparer à la véritable chasse, combat à la vie à la mort. Tout comme la vie : nous ne sommes jamais pleinement prêts, nous ne savons jamais exactement ce qui va se passer. Ce que nous savons, c'est qu'il faut écouter et observer.

Signification : épreuve, initiation, préparation, prêter attention, écouter pour s'orienter.

XXI. Le Monde

Tout commence par la prise de conscience que nous sommes à la fois seuls et reliés à un tout. Le désir de nous relier nous pousse à trouver le divin partout où nous pouvons. Or nous sommes des créatures nouvelles dans un monde nouveau. Le passé ne suffira pas. Nous devons nous comprendre, comprendre le monde que nous habitons. Nous créons des technologies pour rétablir les liens. Le cercle de pierres levées capture le soleil. Le masque révèle un peu du divin en nous. La pierre percée nous livre l'avenir. Nous apprenons à lire la terre, bible de terre et d'eau, d'air et de feu. Les yeux dans les étoiles, face à nos histoires qui transpercent les cieux, nous nous souvenons.

Signification : connexion, compréhension, achèvement, souvenir.

ARCANES MINEURS

SUITE DE L'ÂME

Le bleu est la couleur du ciel, il représente les rêves et la méditation. La série de l'Âme explore nos expériences spirituelles et magiques.

As. Marque de l'Âme

Le personnage semble jaillir de l'eau, tout en restant immergé. Le symbole gravé sur sa pierre lui rappelle la source de sa spiritualité et de sa magie. Il est l'âme qui émerge des eaux du ventre maternel métaphorique, prêt à affronter sa nouvelle réalité. La pierre l'aide à se souvenir que bien qu'il ne puisse plus voir le monde spirituel comme il le voyait avant de naître, celui-ci est aussi réel que ne l'est la pierre. Aussi différentes que soient les choses en ce lieu étrange, il gardera ce symbole et ce lien à ce qui le nourrit et le guide. Il lui faudra du temps pour trouver ses repères et son équilibre. La création de ce symbole est son premier acte magique.

Signification : nouvelle expérience spirituelle, magie, connexion au monde spirituel.

2. Âge de l'Âme

L'élève écoute attentivement l'esprit du vieux chaman. Il est plein d'envie : il entend et voit mais ne peut toucher ni pleinement pénétrer le monde de son maître. Le chaman est plein d'amour pour cet humain, son successeur sur terre, mais il ne peut laisser ses sentiments obscurcir son enseignement. Il confie à son disciple tout ce qu'il doit savoir pour servir son peuple. Certains seront si beaux qu'ils lui briseront le cœur. D'autres si terrifiants qu'ils le repousseront dans les retranchements de la raison. Pour un être de sang et de chair, une telle connaissance du monde spirituel et de l'articulation des deux mondes est difficile. Dans l'intérêt de son élève, le maître l'observe lutter avec ces concepts exigeants jusqu'à ce qu'il reprenne pied.

Signification : être objectif si nécessaire même si cela est difficile, écouter la sagesse, transmettre un savoir.

3. Masque de l'Âme

Le chaman porte un masque, qui pourrait être celui de la douleur ou de la joie, et entame une danse sacrée. Elle exprime la peine de sa tribu pour la transgression et vise à apaiser les dieux et les déesses qui la protègent et la nourrissent. Elle libère les actions et les sentiments par le mouvement et le chant, qui s'évanouissent dans la terre et s'éloignent dans la brise. Elle célèbre aussi le lien des hommes avec les déités. Ils savent que leurs liens avec les êtres, qu'ils soient physiques ou spirituels, s'ancrent dans la réciprocité. Il est possible de se tromper, l'équilibre pourra toujours être restauré. À la tristesse succède maintenant la joie : l'espoir se renforce grâce aux liens.

Signification : soigner ses relations, redresser les torts, retrouver l'équilibre, espoir.

4. Os de l'Âme

La divination fait partie des services rendus par le chaman. L'expérience, le bon sens et la logique guident la plupart des décisions du quotidien, mais ne suffisent pas toujours. Même quand le choix paraît clair, le chaman consulte : c'est signe de sagesse de savoir qu'on ne sait pas tout, même quand on pense tout savoir. Il utilise divers moyens pour se connecter aux esprits et obtenir leur aide. Ici, il lance des os au sol et interprète les réponses dans les motifs formés. Il existe de nombreuses façons d'atteindre le divin, les outils ne sont que des outils. Le monde spirituel recoupe le monde physique. Quand nous tendons la main vers le premier au travers du second, en cherchant, en interrogeant, les mondes répondent et nous donnent ce dont nous avons besoin.

Signification : trouver et suivre la bonne trajectoire, ouvrir son âme, trouver et chercher les réponses.

5. Pierre de l'Âme

Le chaman fréquente les sites sacrés, naturels ou bâtis. Sa présence, ses actes et la foi de sa tribu leur confèrent du pouvoir. Il est plus facile d'accéder au pouvoir, d'entrer dans chaque monde (physique et spirituel), d'entendre la voix de la vérité dans de tels lieux. Le chaman le sait, comme il sait que la terre tout entière est un lieu sacré et que toute chose a sa propre vérité à offrir. Que nous accomplissions une méditation silencieuse ou une danse cérémoniale, nous prenons conscience de la relation fluide entre nous et la vérité, car c'est ce sur quoi nous nous concentrons. Chaque pas, chaque observation nous élève, pour peu que nous regardions et écoutions.

Signification : la vérité est évidente, prêter attention à ce qui est caché sous nos yeux, créer un lieu sacré si nécessaire.

6. Rite de l'Âme

Le chant de la pleine lune monte vers le chaman et éveille en lui sa nature sauvage. Il n'a d'autre choix que d'entrer dans ce temps hors du temps, cet espace hors de l'espace. Il danse et chante en retour à la lune : chants d'amour, de désir, d'âme en joie et en souffrance. La puissance mûre de la lune le retient captif, subjugué. Pour beaucoup il semble fou : ses émotions, son chant et sa danse sont démence. Il n'en est rien. La magie l'étreint, il est son cavalier, consentant, heureux d'être là. À quoi bon tenter de vivre une vie ordinaire ? La lune est pleine, les étoiles l'appellent. Mieux vaut vivre pleinement l'expérience. La vie normale peut bien attendre un peu.

Signification : honorer le temps spirituel, répondre à l'appel de l'âme, faire les choses en leur temps.

7. Ère de l'Âme

Le chaman apprend aux siens comment soigner leur âme. Il n'est pas tant là pour aider que pour enseigner. Tout individu est capable de se souvenir qu'il est relié à l'esprit et peut entretenir ce lien. La responsabilité de prendre soin de notre âme nous incombe. La jeune femme de l'image concentre sa magie à l'aide d'un outil. Les outils représentent le développement de l'humanité, bon et mauvais. Ils permettent aux hommes d'accomplir leurs objectifs, d'atteindre leurs rêves. Plus l'espèce humaine arpente la terre, plus elle s'éloigne de son esprit inné. Les outils peuvent servir à forger un lien nouveau avec le monde spirituel. Cette carte montre l'évolution de l'humanité, tout ce qu'elle a perdu mais aussi trouvé en chemin. C'est une carte tournée vers l'avenir.

Signification : technologie, développement de nouvelles pratiques, trouver l'équilibre, avancer vers l'avenir.

8. Esprit de l'Âme

Quand la terre tremble sous ses pieds et qu'il peine à y voir clair, le chaman se tourne vers des rituels éprouvés. Il frappe son tambour pour invoquer l'esprit qui le guidera vers les réponses. Quand les temps changent, les vieilles habitudes ne marchent parfois plus de la même manière. Le chaman martèle son tambour, toujours plus obsédé, frénétique, agité. Les vieux rites n'apportent pas le soulagement attendu. Le temps passe et sa foi dans ses anciennes pratiques décline. Le doute s'installe, il continue à jouer et chaque coup est aussi le grognement de son âme, qui ne demande qu'à être rassurée.

Signification : doute, perte de foi, recours à des méthodes qui ne fonctionnent plus.

9. Naissance de l'Âme

Poings liés, le disciple est prêt pour le rituel du sacrifice de sa vie. La mort n'est pas qu'un passage paisible vers le royaume d'après : c'est un déchirement brutal du corps, dont il ne reste plus rien. Le corps et l'ego se dissolvent dans le néant. Le disciple est sacrifié dans l'intérêt de la tribu et de ses terres. Il est aussi volontaire que possible : c'est son devoir, sa vocation. Tout chaman vit cette expérience initiatique de la mort dans le royaume spirituel. Il en revient régénéré, riche de la connaissance de la vie et de la mort. C'est la seule façon pour lui d'acquérir la sagesse nécessaire pour servir son peuple.

Signification : une épreuve difficile mais nécessaire, sacrifice bénéfique, servir l'intérêt général.

10. Paysage de l'Âme

Le chaman vit maintes et maintes choses, parfois troublantes et difficiles à interpréter. Celui-là a trouvé la clé de la révélation. L'orage qui balaie ses terres est pareil aux pensées chaotiques qui tourbillonnent dans son esprit. Le tonnerre gronde et résonne. Le chaman brave la tempête et ses pensées, il les laisse se mêler, se confondre. La lucidité pénètre son esprit, tout comme les eaux du ciel pénètrent le sol. Il observe la pluie et le vent faiblir : le monde entier semble retenir son souffle. À l'instant où il croit suffoquer, un éclair déchire le ciel et illumine les lieux comme en plein jour. Le monde expire. Le chaman expire. Tout devient limpide.

Signification : méditation, réflexion fructueuse. calmer le chaos intérieur, illumination.

11. Enfant de l'Âme

Un jeune garçon soulève un masque lourd gisant au fond du lac. Personne n'est là pour l'aider : la tâche incombe à lui seul. Comme les oiseaux poussent leurs petits hors du nid pour leur apprendre à voler, certains parents jettent leurs enfants à l'eau pour leur apprendre à nager. Il est des instincts naturels qui nécessitent de l'adrénaline. Au lieu d'attendre que le besoin ne devienne réel, ces enfants ont la chance d'apprendre à appréhender leurs compétences pour être prêts quand il le faudra. Au cours de cet entraînement initiatique, tout comme les bulles d'air qui s'échappent du masque, des qualités subconscientes remontent à la surface : elles sont désormais à portée de main.

Signification : une importante leçon de vie, apprendre des compétences essentielles, être jeté dans le grand bain, préparation.

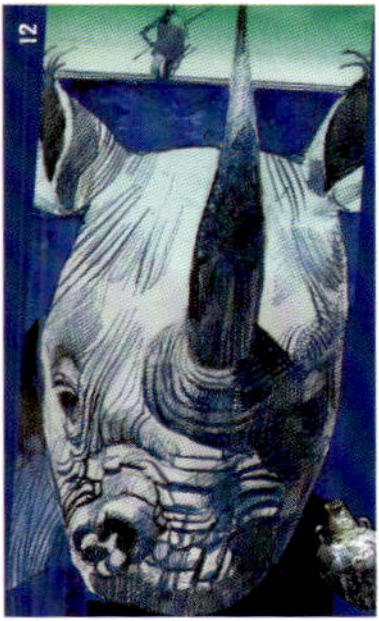

12. Animal de l'Âme

Un chasseur traque un rhinocéros, animal dangereux et myope. Le rhinocéros prenant peur facilement, l'homme doit connaître ses habitudes et rester calme, sans jamais le perdre de vue – car alors, un bruit soudain risquerait d'effrayer l'animal qui pourrait charger, causant la mort du chasseur. Le rhinocéros incarne bien nos ténèbres, la part sombre de notre âme. Sauf à les regarder en face, elles s'insinuent en nous et sèment le chaos dans nos vies. Surtout, nous devons apprendre à chasser et à capturer ces parts d'ombre, à les assimiler symboliquement pour devenir entiers. Il s'agit là d'une version mineure de la mort rituelle du chaman, que nous vivons encore et encore dans nos efforts pour porter nos ténèbres vers la lumière.

Signification : prêter attention aux dangers potentiels, étudier les comportements problématiques, surveillance et contrôle des émotions et des impulsions.

13. Femme de l'Âme

Objet rituel à la main, la femme hésite. Elle est confrontée à une décision difficile. Enfiler un masque n'a rien d'un jeu, c'est un rite puissant. Chaque masque est magique à sa façon, il ne doit pas être pris à la légère. L'arborer est une façon soit de réveiller et de libérer la puissance qu'il contient, soit d'invoquer cette force dans son corps. Une fois le masque en place, elle deviendra quelqu'un d'autre, peut-être même quelque chose d'autre. Sa vie sera à jamais transformée : il sera impossible de revenir en arrière. Mue par la peur ou par l'ego, elle commet peut-être une erreur tragique. Mue par la lumière de son âme et le chant de son cœur, elle entame un merveilleux voyage de découverte.

Signification : choix difficile, puissance latente, agir pour des raisons pures et saines.

14. Homme de l'Âme

Le vieux chaman est riche de son expérience et de sa sagesse. Il est enchaîné à une pierre percée, signe de la profondeur de son engagement. Tandis qu'il vieillit, son corps faiblit et se fane alors que son âme gagne en force et en confiance. Son œil perçoit maintenant aisément l'activité du royaume spirituel, même si sa vue décroît dans le monde physique. Il sait les cadeaux qui lui ont été donnés. Il sait sa responsabilité de partager son savoir avec sa tribu. Le chaman pratique depuis tant d'années : il saura enseigner à son peuple ce qu'il doit apprendre, aussi difficile que soit la leçon.

Signification : expérience de vie, professeur honoré, individu sage et doué.

SUITE DES BIJOUX

Le jaune est la couleur du soleil ; il symbolise la conscience, la compréhension, l'énergie et l'existence physique. La série des Bijoux explore nos accomplissements et nos savoirs matériels.

As. Marque des Bijoux

Les hommes ont un désir irrépressible de créer. Ils aiment les symboles et les ornements, qui les aident à comprendre les mondes (intérieur et extérieur) tout en ajoutant de la beauté à leur vie. Les tatouages de cette femme sont décoratifs et symboliques, ils représentent sa connexion au cycle de la vie. Les objets de l'imagination cherchent à prendre vie, le cerveau humain étudie comment y parvenir. Une fois l'idée venue, le plan établi, commence le travail des mains et de la matière. Toutes les réalisations et les savoir-faire humains commencent ici.

Signification : début d'un projet, avoir les compétences et ressources nécessaires, création pleine de potentiel.

2. Âge des Bijoux

L'artisan chevronné explore la beauté et les caractéristiques de la pierre. Il a appris à fabriquer des objets à la fois beaux et utiles. Ses années d'expérience lui permettent de déceler la nature de la pierre et de la révéler en la modelant, en la façonnant, en la guidant pour devenir bien davantage qu'une roche. Les heures de travail lent et soigné sont aussi des heures de réflexion : il sait que l'être humain, comme la pierre, est plein de potentiel, mais a parfois besoin d'être délicatement lustré pour devenir ce qu'il est destiné à devenir. Prenant son apprentie par la main pour la guider, il a conscience qu'il lui enseignera bien plus que le travail de la pierre : il lui apprendra à se trouver elle-même.

Signification : compréhension, apprentissage, dévouement, pratique, façonner la matière, façonner son âme.

3. Masque des Bijoux

Un artisan montre le masque qu'il a fabriqué. Production abondante. Les masques sont des objets sacrés, des ponts entre le monde spirituel et le monde physique. Leur création requiert du savoir-faire, de la compréhension mais aussi une attitude respectueuse. L'artisan façonne bien plus que de la matière et des symboles. Il met dans son travail une intention, un sens, conscient qu'il crée une porte à partir de laquelle le chaman pourra parler aux dieux et guérir ce monde. Il a bien travaillé et il le sait. Il excelle à présent et peut créer bien plus : chaque objet sera meilleur encore que le précédent.

Signification : expertise, travail porteur de sens, production prolifique.

4. Os des Bijoux

Dans l'obscurité de la nuit, même quand personne ne les regarde, la beauté et le sens des œuvres d'art perdurent. Leur beauté survivra longtemps aux mains qui les ont créées. Ces statues saisissent l'émerveillement et la paix éprouvée dans la contemplation du vaste monde et du ciel immense, qu'il soit illuminé par le soleil ou parsemé d'étoiles. Créer nous aide à honorer et à nous rappeler les raisons pour lesquelles nous vivons et luttons, encore et toujours. L'art s'inspire de l'âme humaine, mais il est aussi indispensable à sa santé. Il est une part essentielle du cycle de la vie.

Signification : marquer une occasion, travail qui perdure, expression de l'âme, nourriture de l'âme.

5. Pierre des Bijoux

Les êtres humains s'épanouissent quand ils vivent en harmonie avec la nature. Ils ont cependant un besoin inné de construire et un esprit qui détecte et résout les problèmes. Cet artisan a bâti une maison dans la pierre. Sa capacité à créer son habitat donne à l'homme une grande liberté : il ne dépend plus des abris naturels et peut donc vivre proche des ressources. Il sait fabriquer des objets pratiques, confortables, efficaces. Toute création, même aussi pragmatique qu'une maison, peut être une expression artistique et ajouter joie et beauté à la vie. Avoir un chez-soi procure sécurité, stabilité et sentiment d'appartenance.

Signification : trouver refuge, faire son chez-soi, confort, sécurité.

6. Rite des Bijoux

La femme se pare de tatouages et d'une coiffe en vue de son mariage. Les rituels sont des occasions particulières, chargées d'un sens symbolique, qui renforcent les liens de la communauté. Pour les célébrer, nous créons des lieux sacrés et nous nous apprêtons, souvent par des habits et des bijoux spéciaux. À force de pratiquer les rituels, ils gagnent en puissance et prennent plus de sens encore pour nous. Après un temps, il nous suffit de voir l'objet pour nous rappeler du rite et de sa signification. Les tatouages de cette femme lui rappelleront toujours son mariage, à l'instar des alliances d'aujourd'hui.

Signification : possessions porteuses de sens, objets rituels, symboles, se rappeler ses vœux, bons présages.

7. Ère des Bijoux

Dès lors que l'homme a un passé dont se souvenir, il se souvient. Nous nous étonnons de la sagesse et des erreurs de nos prédécesseurs. Cette femme homo sapiens tient un crâne d'homo erectus, reproduit en version stylisée sur sa boucle d'oreille. Son bijou est un instrument de rituel qui lui permet d'entendre les voix de ses ancêtres raconter leur histoire, partager leur savoir et l'avertir des dangers. Il s'agit peut-être d'un objet de famille, du crâne d'une ancienne matriarche. Pareils cadeaux apportent défis et bénédictions. Les traditions asphyxient parfois la nouveauté et font stagner l'esprit humain. Cette femme honore son passé tout en œuvrant à son futur, elle met dans la balance ce qui fut et ce qui sera.

Signification : héritage, traditions et pratiques du passé, ancêtres, équilibre entre passé et présent.

8. Esprit des Bijoux

Le ventre maternel, espace de création ultime. Les Vénus préhistoriques honorent la création, la féminité et l'abondance. Les hommes utilisent ce type de symboles comme talisman pour donner vie à leurs désirs. Les marques et signes simples sont devenus plus complexes. Leur usage aussi, en même temps que la pensée et la compréhension humaines. Ce genre de statuette favorise les grossesses ou l'aboutissement des projets au long cours. Cette femme l'a peut-être conçue elle-même, ou reçue en cadeau. Le chaman de sa tribu les a peut-être bénies toutes les deux. Leur but accompli, les statues peuvent être utilisées par d'autres ou installées sur un autel, pour y être honorées et remerciées.

Signification : création, puissance féminine, magie bienveillante, prospérité, succès, gratitude.

9. Naissance des Bijoux

En fondant des communautés, les hommes ont appris à collecter les ressources et leurs pratiques artistiques sont devenues pragmatiques. Ils ont inventé des récipients pour présenter et conserver la nourriture. Cet artisan crée des vases et des bols pour sa tribu. Son travail est nécessaire et reconnu, aussi est-il récompensé par son statut et son aisance matérielle. Mais il aime aussi se sentir fier de son travail. Ses acheteurs y gagnent aussi, puisqu'ils peuvent désormais stocker nourriture et autres objets utiles. En outre, les vases ne sont pas seulement fonctionnels, ils sont aussi source de beauté. Toute la communauté profite du talent de l'artisan.

Signification : objets utiles, travail pragmatique, bénéfice mutuel, abondance économique.

10. Paysage des Bijoux

Les hommes fabriquent des outils magiques, des objets rituels, des bijoux symboliques, des œuvres belles et utiles, des maisons. La culture humaine est partie de rien – n'est-ce pas stupéfiant ? En dépit de sa formidable créativité, l'homme sait d'où viennent ses œuvres. La nature, tout ce qui pousse sur terre, ainsi que la pluie et le soleil, nous procure ce dont nous avons besoin. Quels que soient la manipulation et le travail fourni, il nous faut des matériaux bruts, que nous ne saurions produire nous-mêmes. Bien qu'il y ait tant de raisons de célébrer l'humanité, cette femme prend la peine de se réjouir que la nature soit source de vie. Et c'est par le monde physique que nous découvrons le monde spirituel – la terre nourrit notre corps et notre esprit.

Signification : avoir le nécessaire, gratitude joyeuse, sécurité et nourriture physique.

11. Enfant des Bijoux

Les enfants jouent pour le plaisir : ils n'ont pas conscience des leçons importantes qu'ils tirent parfois de leurs jeux. Jouer n'est pas toujours apprendre, du moins pas en termes quantifiables. Parfois la leçon n'est autre que l'expérience de la joie, pour qu'en vieillissant, happés par le quotidien, nous n'oubliions pas l'importance de ressentir et d'exprimer notre joie. L'enfant semble jouer à se déguiser : elle danse après avoir enfilé les plus beaux atours de ses parents. Peut-être invente-t-elle un rituel, peut-être savoure-t-elle comme il est agréable de bouger son corps tout en admirant sa belle allure. Si elle vous aperçoit, il est probable qu'elle vous tende la main et vous invite à la rejoindre.

Signification : joie, jeu, assouvissement, balayer ses soucis, bon ami.

12. Animal des Bijoux

Cet oiseau aux ailes dorées a suffisamment grandi pour savoir voler et chanter à tue-tête. Après avoir été pris en charge par ses parents, l'oisillon trace sa propre route dans le monde. La vie n'est pas qu'aventure et chanson. Il doit aussi se faire un nid et trouver de quoi le fabriquer. Bien que les oiseaux n'aiment guère se poser sur les hommes, celui-ci en a le courage. Son désir de prélever quelques doux cheveux pour son nid douillet lui fait surmonter sa peur. La vie nous force parfois à faire des choses difficiles ou terrifiantes, nous éloignant d'autres projets plus joyeux. Quand on ne parvient pas à trouver ce qu'on veut, alors il faut être créatif, malin et audacieux.

Signification : besoins matériels, recherche des ressources nécessaires, manque d'argent.

13. Femme des Bijoux

Les humains ornent leur corps pour diverses raisons – parfois par esthétisme, parfois par rituel. Au fil de l'évolution de la culture humaine, les individus ont endossé dans leurs tribus de nouveaux rôles. Pour le meilleur ou pour le pire sont ainsi nées des hiérarchies de pouvoir. Le pouvoir peut découler de la force physique, du contrôle des ressources, ou encore d'une compétence pointue particulièrement demandée. Cette femme, fière et confiante, affiche son rang, son autorité et son pouvoir par son bracelet élaboré, fait à partir des os d'un animal – notamment son crâne.

Signification : puissance, compétence, ressource, capacité à s'enrichir, succès professionnel.

14. Homme des Bijoux

Voilà un homme robuste qui semble prospère et comblé par la vie. Il a l'allure d'un roi et évoque d'ailleurs ses successeurs (la ressemblance avec Henri VIII n'est guère difficile à repérer). Nous ignorons comment il est devenu roi. Était-il le meilleur chasseur ? L'artisan le plus doué ? Le fils du précédent roi ? Il existe toutes sortes de façons d'accéder au trône, de même qu'il existe toutes sortes de dirigeants : bienveillants, autoritaires, cupides, inutiles même. Notre roi, toutefois, est bon. Il sait que la vie peut être dure et qu'il est important d'œuvrer ensemble au bien de tous. S'il est fier de son peuple et de sa culture et sait rire avec lui, il est aussi pleinement conscient que son autorité va de pair avec ses responsabilités.

Signification : autorité, responsabilité, gestion des ressources, maintien de la justice.

SUITE DE LA NATURE

Le vert est la couleur de la nature et des végétaux. Il symbolise la vie pure et florissante, la sérénité atteinte quand tout est équilibre. La série de la Nature explore nos expériences de vie.

As. Marque de la Nature

L'arbre s'élance du sol, haut et puissant. Il y parvient car ses racines s'enfoncent profondément et solidement dans la terre pour y puiser force et nourriture. Sans la terre, il ne pourrait exister ni croître. Les pierres servent à bâtir des maisons et des lieux sacrés. La terre les abrite et les façonne. En cas de difficulté, il est facile de se concentrer sur les aspects extérieurs ou visibles. Trop souvent, nous ne voyons que les symptômes du problème et non sa cause. Cette carte nous rappelle de regarder sous la surface. On ne peut venir à bout d'un problème qu'en arrachant ses racines.

Signification : les racines d'un problème ou d'une question, regarder sous la surface, ne pas se laisser distraire par les apparences.

2. Âge de la Nature

Que le jeu soit une leçon de vie, une expression de joie ou la conséquence d'une curiosité, il en appelle à l'imagination. Même si celle-ci peut jaillir d'elle-même, les jouets stimulent les idées créatives. Des bâtons, des graines, un tas de sable ou des plumes dans l'eau sont autant de jouets pour les enfants. Après avoir appris à fabriquer des ustensiles qui facilitent la vie, puis à créer des objets rituels qui accompagnent leur vie spirituelle, les humains ont vite compris comment faire des jouets. Ces jouets ravissent les enfants, et les adultes se réjouissent de les regarder jouer. Nul besoin d'être utile pour avoir de la valeur.

Signification : croissance heureuse, joie et amusement sans but, plaisirs simples.

3. Masque de la Nature

Vêtue d'un masque d'arbre, la femme voit le monde différemment. Ses mouvements sont plus laborieux, sa vision réduite. Elle se tient droite, ancrée et connectée à la terre, elle visualise les racines qui partent de ses pieds pour s'enfoncer dans le sol. Sentant le vent dans les branches sur sa tête, elle plie mais ne rompt pas. Elle découvre la puissance et le talent des arbres, qu'elle peut désormais appliquer à son corps et à sa vie. Sa connexion volontaire à la nature lui a permis de percevoir des réalités qui se meuvent en se mêlant aux siennes. L'expérience de ces réalités étrangères lui apporte sagesse et compréhension. Si elle est capable de se lier à d'autres mondes, nul doute qu'elle est capable de se lier à d'autres humains.

Signification : connexion au monde spirituel, percevoir d'autres réalités, empathie, compréhension de l'autre.

4. Os de la Nature

La vie sourit à cet homme qui, cheminant, savoure les gloires de la nature et les avantages de sa civilisation. Paré de symboles, conscient de sa santé et de sa force, il est au meilleur de lui-même. Sur sa route, il découvre dans les buissons un crâne animal. La disparition d'une vie est triste, pourtant la mort fait partie de la vie. Sans elle, le cycle serait brisé. Le crâne lui rappelle que la réalité n'est pas que joie et floraison, délices et civilisation. Sa mortalité fait partie de lui, au même titre que ce qu'il crée ou accomplit. Il se souvient aussi que sous la peau, les muscles, la fourrure ou les plumes il y a les os, charpente de la vie. Cela est vrai du monde physique comme du monde spirituel.

Signification : réalité, le bon et le mauvais, se souvenir de ce qui compte et de ce qui perdure.

5. Pierre de la Nature

Ce gorille tient une pierre en équilibre sur la tête. Il reste immobile, comme plongé dans ses pensées. Pas de mouvement brusque : la pierre tomberait. Posée sur son crâne, elle ne lui fait pas mal, peut-être même l'aide-t-elle à se concentrer. Lancée en pleine tête, il en irait autrement. Chair, pierre ou propulsion, tout ce qui existe est énergie. D'une énergie équilibrée découle la stabilité. D'une énergie déséquilibrée naît le chaos. La stabilité amène la santé, le chaos la douleur. Toujours… ou presque. Il est des heures où le chaos, voire la destruction, conviennent. Ici, la meilleure solution pour le gorille consiste en une contemplation silencieuse et une approche réfléchie.

Signification : approche équilibrée, réflexion, prise de conscience des conséquences.

6. Rite de la Nature

Les trésors de la nature font vivre la tribu. En apprenant à planter, choyer et récolter, les hommes contrôlent mieux leurs vies et peuvent prendre soin des leurs. Pourtant, malgré tout leur savoir, certaines choses échappent à leur contrôle. Ils peuvent planter la graine, lui garantir suffisamment d'eau, de lumière et d'espace – mais ils ne peuvent bousculer son rythme. La plante prendra autant de temps que nécessaire pour fleurir et donner ses fruits. Il n'y a parfois rien d'autre à faire qu'attendre. Nul besoin d'attendre dans l'angoisse : la plante sait ce qu'elle a à faire. Puisqu'il en est ainsi pour le moment, la femme observe les pousses. Elle s'émerveille de leur beauté et ressent déjà de la gratitude pour leurs fruits.

Signification : rien de plus à faire, temps de l'attente, choisir comment occuper son temps.

7. Ère de la Nature

Que de progrès ont été réalisés ! Sa tribu a tant accompli, tant de générations l'ont précédée et ont participé à ses succès. Et pourtant, aussi incroyable que soit sa vie aujourd'hui et aussi confiant qu'il soit dans l'avenir, certaines expériences éclipsent tout le reste. Cet homme découvre un monolithe extraordinaire, que sa tribu n'a pas construit, qu'elle n'a pas pu construire : elle n'a pas cette connaissance. Ce ne peut être que l'œuvre de ceux qui étaient là avant eux, bien qu'il ne parvienne pas à imaginer qui peut avoir vécu avant les siens. Il tombe à genoux, submergé par la grandeur du tumulus, par l'idée que leurs prédécesseurs en savaient plus que son peuple et par la perte d'un tel savoir.

Signification : passé, savoir perdu, apprendre de ses prédécesseurs.

8. Esprit de la Nature

Tout ce qui est, animé ou inanimé, porte en lui un esprit vivant. Ces esprits ont une sagesse qu'ils sont prêts à partager, pour peu que nous soyons prêts à écouter. Les habitants du *Tarot primitif* conversent avec eux tous les jours, voire davantage pour les chamans. La sagesse particulière des arbres consiste en la compréhension de l'importance du temps, et notamment du temps long. Ils vivent tellement plus longtemps que les hommes qu'ils voient l'aboutissement d'événements qui s'étirent sur des années. C'est pour cette raison qu'ils sont peu enclins à juger les choses « bonnes » ou « mauvaises » au premier coup d'œil. Ils ne sont pas pressés. Ils observent, patiemment.

Signification : prendre le temps, agir lentement, réserver son jugement.

9. Naissance de la Nature

Faucille à la main, cet homme s'apprête à cueillir les fruits de son labeur. La récolte est toujours un moment de satisfaction. Après des mois de travail, avec un temps clément et de la chance, lui et sa famille auront de quoi manger... voire partager avec les autres. Si la tribu travaille de concert pour assurer sa survie, cela ne marche que si chacun fait sa part. Cela suppose d'être aussi autonome que possible et de prendre soin des autres. Si chacun fait ce qu'il peut et se montre prêt à partager avec les plus faibles ou les moins chanceux, toute la communauté prospère. Travailler dur assure une récompense tangible, la fierté d'avoir fourni des efforts et une place dans la communauté.

Signification: autonomie, labeur, récompense généreuse, aider les autres.

10. Paysage de la Nature

Même en harmonie avec la nature, nous sommes humains et notre épopée n'est pas toujours facile. Cet homme est confronté à une tâche ardue. Avant de partir pour l'horizon pluvieux, il pousse un long soupir, comme pour s'emplir de force avant de mettre un pied devant l'autre. Il touche la pierre sculptée comme s'il s'agissait d'un talisman. La nature ne peut surmonter nos épreuves, mais en elle nous pouvons trouver soutien, encouragement et force pour aller de l'avant. La beauté du monde apaise notre anxiété, sa gloire resplendissante réveille notre foi. Quand le fardeau nous semble trop lourd, se tourner vers la nature et les esprits de la nature nous renforce.

Signification : trouver du soutien dans les moments difficiles, demander de l'aide, relâcher la peur et l'anxiété.

11. Enfant de la Nature

Le jeune garçon veut monter plus haut, voir plus loin. Peut-être escalade-t-il un arbre pour avoir une meilleure perspective. Peut-être imagine-t-il simplement ce qu'il ressentirait à s'élever au-dessus de la canopée. Quoi qu'il en soit, sa curiosité est sereine, il n'est mû ni par la peur, ni par l'envie. Il sait que pour chercher, il faut d'abord trouver un lieu d'où voir les choses clairement. S'il cherche un point de vue plus vaste, il ne peut le trouver en restant là où il a toujours été. Il a également compris que son attitude aura un impact conséquent sur ce qu'il trouvera en cherchant, et que s'il cherche le bien en ce monde, il le trouvera assurément.

Signification : vision claire, perspective nouvelle, lucidité, chercher et trouver des choses positives.

12. Animal de la Nature

Le singe et l'homme représentent l'évolution. À bien des égards, la distance biologique entre eux est assez faible : il serait aisé de penser qu'un petit pas les sépare. En réalité, la distance entre l'homme et l'animal est immense. Et même si nous sommes nés humains, nous passons l'essentiel de nos vies à apprendre à le devenir. Elle suggère que nos efforts pour combattre nos bas instincts et nous élever vers notre nature supérieure nous demandent beaucoup d'énergie. Quand nous sommes épuisés, physiquement ou mentalement, il devient plus compliqué d'être celui que nous souhaitons. Le plus sage, dans ce cas, est de prendre du repos. Les animaux semblent le savoir mieux que nous. Peut-être ne sommes-nous pas si intelligents, finalement.

Signification : reconnaître les progrès accomplis, évaluer son état et son besoin de faire une pause.

13. Femme de la Nature

Après la gestation et l'épreuve de la naissance, cette femme se repose, heureuse, avec son bébé. Qu'il s'agisse d'une grossesse réelle ou symbolique, cette longue période de labeur, d'inquiétude et de soin épuise nos réserves. La mère donne des pans d'elle-même qu'elle n'avait pas imaginés, elle s'investit dans son petit physiquement, mentalement, émotionnellement et spirituellement. Enfin, la mise au monde du bébé ou du projet peut être épuisante, voire dangereuse. Elle est parfois confrontée à des peurs troublantes, des complications inattendues, des regrets écrasants. Quoi qu'elle affronte, elle le traverse avec force, foi et amour. Au final, ce qu'elle ressent pour son bébé confirme que tout ce cheminement en valait la peine.

Signification : force féminine, courage, dévouement, foi, maternité, joie de la création.

14. Homme de la Nature

Calme et sereine, cette figure paternelle nous observe, consciente, impliquée. L'homme est fort et confiant, son empathie lui permet de déceler quand les autres sont dans le besoin. Il ne juge pas ceux qui n'ont pas sa force ou ses capacités. Il se demande plutôt comment les aider. Son intellect passionné et son expérience lui permettent de percevoir les situations clairement, d'évaluer ce qui ne va pas, de déterminer les manières efficaces d'apporter son aide. C'est une qualité précieuse : les individus en détresse ne sont pas toujours en mesure de voir ces choses eux-mêmes. Sa seule présence rassure et son soutien peut tout changer.

Signification : être au service des autres, accepter de l'aide, être protégé

SUITE DU SANG

Couleur complémentaire du vert, le rouge symbolise l'agressivité, l'instinct et l'action. La série du Sang explore nos expériences de survie.

As. Marque du Sang

Un bison transpercé par des flèches, un chasseur de profil. Son visage ne manifeste ni fierté ni agressivité : il sait que la vie a besoin de la vie pour continuer. Il ne prend aucune joie à tuer, bien qu'il puisse être fier de son habileté. Bien que la mort advienne de façon brutale, l'esprit de l'animal et celui de la vie sont toujours remerciés. La chasse est une question de survie et doit être pratiquée aussi humainement que possible. Parfois, la survie nécessite plus que de la nourriture. Si se protéger des autres tribus s'avère indispensable, le chasseur affrontera ce besoin avec la même impassibilité, acceptant sereinement d'accomplir ce qui doit être fait.

Signification : faire ce qu'il y a à faire, capacité à être chasseur ou guerrier, instinct de survie.

2. Âge du Sang

Pour survivre, la tribu peut prendre la vie de ses assaillants pour protéger ses membres. L'agressivité est compensée par le calme, la valeur accordée à la vie, le maintien de l'équilibre naturel. Mais les tendances agressives sont parfois subverties par les émotions. Cet homme au regard satisfait est vivant. Le crâne représente la vie d'un autre, qu'il vient d'anéantir. L'élan d'agressivité, ici, n'a pas été contenu, son résultat est tragique. Même si la menace perçue n'est théoriquement pas mortelle, l'instinct réagit et nous fait perdre notre sang-froid. Ce qui n'était qu'un désagrément est devenu une crise et chaque adversaire en paie le prix : l'un perd la vie, l'autre son humanité. Il devra porter les conséquences de son acte pour le restant de ses jours.

Signification : conséquences d'un désaccord ou d'une dispute, agressivité incontrôlée et inappropriée.

3. Masque du Sang

À mesure que l'espèce humaine se répand, la guerre devient une question de survie. Les combattants affrontent des difficultés inédites. La chasse et la guerre ont beau avoir des points communs, tuer un animal pour se nourrir est très différent de tuer un autre être humain. Ce chef de village se prépare à la guerre. Il tient un masque spécial : le visage divin, les grandes cornes et le crâne animal représentent la lucidité et la sagesse, le pouvoir, l'habileté aux armes, la puissance brute. Le masque lui donne accès à ces qualités et fait de lui un meilleur guerrier. Le visage divin l'invite à un autre point de vue : il lui permet de voir au travers des yeux d'un dieu et peut-être de faire de meilleurs choix.

Signification : une autre perspective, chercher conseil, suivre un avis, envisager toutes les options.

4. Os du Sang

Notre instinct nous pousse à vivre en permanence sur nos gardes. Pourtant au fil du temps, la vie est devenue plus sûre : nous ne vivons plus chaque instant dans une terreur mortelle. Pourtant, l'instinct est puissant… très puissant même chez certains, et en chacun de nous il peut pointer à tout moment. L'homme porte une arme taillée dans un os. L'agressivité enserre son cœur et coule dans son sang. Il vit dans un état de vigilance constante, prêt à tout envisager comme une menace nécessitant une réaction immédiate et fatale. Ce doit être épuisant pour lui, toujours sur le qui-vive, tel un ressort prêt à bondir. C'est épuisant aussi pour son entourage, qui doit prendre garde de ne pas l'offenser ni le contrarier.

Signification : vigilance constante, méfiance excessive, prêt à attaquer, bombe à retardement.

5. Pierre du Sang

L'homme tient une lance surmontée d'un silex. Son regard tourné vers la traînée de sang montre sa concentration. Un bon chasseur sait que l'attente et l'observation sont indispensables pour réussir. Qu'il attende ou traque sa proie, il doit prêter attention. Une fois l'animal campé, le bon chasseur attend le juste moment pour le tuer le plus proprement qu'il peut. Son coup doit être le moins dangereux possible pour lui et pour les autres chasseurs. Il ne souhaite pas la souffrance de l'animal. Parfois, le coup est moins sûr qu'il n'y paraît. Le jeune animal semble une cible facile jusqu'au moment où sa mère apparaît. Aussi le chasseur reste-t-il immobile et alerte, dans l'attente de la meilleure opportunité.

Signification : attendre la bonne occasion, éviter les dangers inutiles.

6. Rite du Sang

Survivre requiert une énergie considérable. Chasser, cueillir, bâtir des abris, fabriquer des outils, organiser la communauté… Cet homme a passé la journée à chasser, une activité vigoureuse à la fois physiquement et mentalement. Quand tombera la nuit, lui et les siens mangeront ce qu'il a tué. Demain, il retournera chasser. Il a survécu.

Signification: faire ce qui doit l'être, réussite, survie.

7. Ère du Sang

Cet homme de Néandertal est l'ancêtre du guerrier moderne. Il est mû par son instinct de survie et se moque de savoir si l'autre partage sa philosophie ou sa religion. Les guerriers peuvent honorer cet aïeul et espérer hériter de ses compétences et de son savoir. Cependant, ces qualités devront se fondre dans leur civilisation, ce qui n'est pas sans complications – il faut apprendre par exemple à gérer les désaccords sans bain de sang. Il est important de nous souvenir d'où nous venons et en quoi ces impulsions nous ont permis de survivre, pour puiser dans cette énergie quand le besoin s'en fait sentir. Il est aussi important de se rappeler que ce qui fonctionnait autrefois n'est peut-être plus adapté à notre époque.

Signification : pratiques du passé, utiliser ce qui fonctionne, adapter ses compétences à la situation.

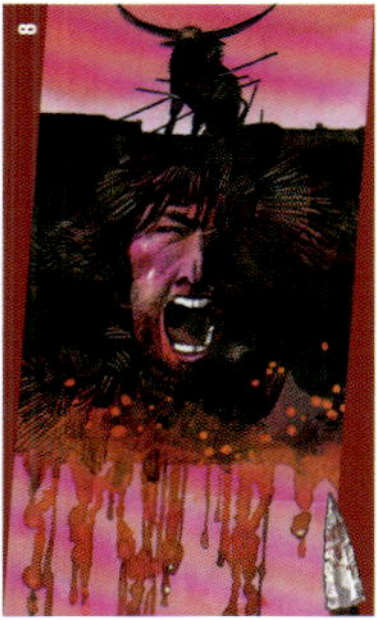

8. Esprit du Sang

Avec l'expérience, le guerrier apprend à repérer s'il peut capturer sa proie en toute sécurité. Malgré toutes nos précautions, il arrive que nos besoins nous poussent à prendre plus de risques qu'à l'accoutumée. Parfois la proie est plus forte qu'on ne l'a cru. Ici, le chasseur affronte un buffle dont la détermination à vivre le surprend. La chasse a nécessité plus de temps, plus d'habileté, plus d'hommes que prévu. Si prendre une vie ne donne aucun plaisir, battre un adversaire méritant procure satisfaction et fierté – aussi le chasseur crie-t-il son allégresse et sa victoire.

Signification : combat difficile, difficultés inattendues, victoire finale.

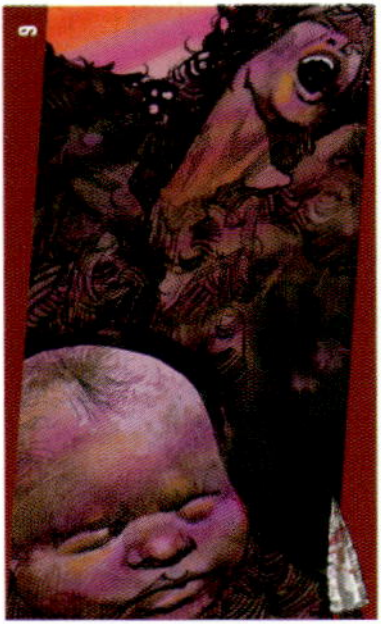

9. Naissance du Sang

Donner la vie passe par plusieurs étapes : conception, gestation, travail, mise au monde. Toutes comportent des difficultés et des joies. Après les efforts et le sang du travail vient l'heure de la naissance, qui s'accompagne sans doute de la plus grande douleur qui soit. En cet instant, naissance et mort semblent très proches. Quand émerge l'enfant, la mère perd un lien qui a fait partie intégrante d'elle-même pendant neuf mois, comme une sorte de mort. Elle a maintenant une nouvelle vie à choyer, un nouveau lien à tisser. La mort apporte toujours une fin, mais aussi un départ. La vie et la mort forment un continuum.

Signification : achèvement, fin, départ, continuité, lien.

10. Paysage du Sang

Pour survivre, il faut chasser et manger – nous l'avons vu avec la carte du Rite du Sang. Mais l'homme a évolué et la simple survie n'a plus suffi. Il a découvert qu'il avait des raisons de vouloir rester en vie. Cet homme est heureux, excité à l'idée de manger la viande qui termine de cuire. L'ancêtre, peut-être, de quiconque a déjà manié un barbecue. Manger devient davantage qu'une question de vie ou de mort. On apprécie désormais la nourriture, peut-être les repas commencent-ils à être pris ensemble – la tribu se rassemble pour partager et savourer les plaisirs de la vie et de la compagnie. Cette carte raconte plus que la satisfaction de survivre : elle évoque ce qui rend la vie plus riche et plus heureuse, sur le plan physique, mental, émotionnel et spirituel.

Signification : satisfaction, culture humaine, dépassement du mode survie.

11. Enfant du Sang

On aperçoit en arrière-plan la carcasse d'un animal féroce. Le jeune garçon semble lui aussi exprimer sa nature bestiale. Il réagit à la dépouille, sa tension est palpable. Les émotions se bousculent en lui mais ce qu'il ressent par-dessus tout, c'est de la reconnaissance. En l'animal vivant, le garçon voyait une part de lui-même, une force de vie et un désir de survivre égal au sien, même si la bête était plus grande et plus forte que lui. Il n'aurait pas pu la tuer – ce sont les chasseurs qui s'en sont chargés. Jusqu'à sa mort, il voyait en elle un rival – de vie, d'espace, de survie. À présent, ses sentiments sont mitigés. Il est heureux que son rival soit mort, mais se demande aussi si ça n'aurait pas pu être lui.

Signification : rival, jeu à somme nulle, gagnant et perdant incontestables, pas de compromis possible.

12. Animal du Sang

Confrontation inattendue : le chasseur rencontre un ours, qui l'a vu avant qu'il ne le voie. L'ours se dresse, agile et puissant, furieux et féroce, peut-être parce que son petit n'est pas loin. Le chasseur est une menace et l'animal ressent le besoin instinctif et irrépressible d'éliminer. L'ours aussi est une menace pour le chasseur qui ne peut, seul, en venir à bout. Il éprouve lui aussi le besoin instinctif et irrépressible d'agir – vraisemblablement en courant se cacher. Confronté à des surprises qui semblent menaçantes, il est naturel de vouloir être dans l'action – il s'agit souvent de se battre, de fuir ou de s'évanouir.

Signification : besoin d'agir, désir de faire quelque chose, tout tenter pour survivre.

13. Femme du Sang

La femme est immobile, seule sa poitrine se soulève avec force tandis que l'adrénaline se dissipe en elle. Son couteau en silex est recouvert du sang de la proie qu'elle vient de tuer. Peut-être celle-ci était-elle plus forte qu'elle ne l'avait cru. Peut-être a-t-elle été attaquée par surprise et a dû se défendre. Quoi qu'il en soit, elle vient de vivre une expérience qui a nécessité une agressivité prompte et extrême. Elle a dû se montrer vive et résolue. Maintenant que le danger est passé, elle lutte pour retrouver son équilibre physique, mental et émotionnel.

Signification : décisions promptes, agressivité d'attaque ou de défense, concentration dans l'effort.

14. Homme du Sang

Dominé par ses passions et sa force, ce guerrier ne se contrôle plus. Les hippopotames sont des créatures myopes qui sursautent facilement, ce qui les rend extrêmement dangereux. Cet hippopotame semble être l'esprit animal de cet homme qui invoque toute l'énergie de la bête, à laquelle il ajoute ses qualités les plus noires. Il est immense et puissant. Son ton se fait menaçant et sa rage bruyante envers quiconque croise sa route ou perturbe son autorité. Il avance dans la vie avec arrogance, convaincu de son droit d'éliminer tout ce qu'il considère comme une menace, ou simplement comme un désagrément.

Signification : arrogance, abus de pouvoir comportement brutal.

MÉTHODE DE TIRAGE

LA DISPOSITION DU CERCLE DE PIERRES

Nimbés de mystère, les monolithes et cercles de pierres seraient des lieux où les hommes cherchaient des réponses et des liens avec les mondes supérieurs. Cette disposition, qui représente un individu au centre d'un cercle de pierres, vous permettra d'élargir votre perception d'une situation tout en vous apportant conseil.

Mélangez les cartes tout en réfléchissant à la situation pour laquelle vous cherchez conseil. Quand vous estimez le paquet suffisamment battu, tirez une carte pour chaque position indiquée.

1. Votre attitude quant à la situation.
2. La question que soulève la situation.
3. L'origine de la situation.

4. Son résultat probable si aucune action n'est entreprise ou si rien ne change.
5. Ce que vous devriez faire pour que son issue vous soit favorable.
6. Ce que vous ne devriez pas faire pour que son issue vous soit favorable.
7. Comment éviter que la situation ne se reproduise à l'avenir.

LA DISPOSITION DE LA FORME ESSENTIELLE

Dans le *Tarot primitif*, les choses apparaissent dans leur forme brute. Elles se résument souvent à deux possibilités : survivre ou mourir, manger ou être mangé, prédateur ou proie, instinct ou libre arbitre. Au tarot, ne tirer que deux cartes crée une tension que l'on a tendance à vouloir soulager par l'ajout d'une troisième. Cette disposition suppose que vous n'ajoutiez pas d'autre carte, mais que vous trouviez comment assimiler les deux cartes tirées. Elles ne donnent ni conseil, ni résultat. Vous êtes simplement invité à les contempler jusqu'à découvrir comment elles peuvent non pas s'opposer mais coexister, ou jusqu'à ce que vous identifiiez la source de la tension.

1. Ce que vous voulez.
2. Ce que vous ne voulez pas.

LA DISPOSITION « SOYEZ VOTRE CHAMAN »

Être son propre chaman signifie prendre soin de soi spirituellement. Vous devez pouvoir vous regarder honnêtement et objectivement, déterminer ce qui doit être fait et agir. Si quelque chose en vous est brisé, cette disposition ne vous aidera pas à comprendre qui ou ce qui vous a brisé, car là n'est pas l'essentiel. Vous réparer relève de votre responsabilité. Ce qui ne veut pas dire que vous devez le faire seul… requérez de l'aide si besoin (c'est ce qu'indiquent certaines cartes). En revanche, ne perdez pas votre temps à blâmer les autres, même s'ils sont dans leur tort.

Si vous avez un souci particulier, pensez-y en battant le jeu. Sinon, la disposition vous révélera ce sur quoi vous pourriez travailler.

Mélangez puis quand vous êtes prêt, disposez les cartes comme indiqué.

1. Le cœur du problème : ce qui continue à le nourrir.
2. La racine du problème : comment il est apparu.
3. La tête du problème : où il se dirige.
4. Ce que vous devez libérer, et comment.
5. Ce que vous devez trouver, et comment.

Note : le *Tarot primitif* a d'abord été publié en 1989 sous le nom de *Tarot des Origines* et ne se composait alors que d'arcanes majeurs. Il a été porté à 78 cartes en 1992.
Le concept original est une création de Sergio Toppi et Pietro Alligo. Les arcanes mineurs ont été conçus par Sergio Toppi et Manfredi Toraldo.
Les illustrations exceptionnelles de ces cartes sont l'œuvre de Sergio Toppi, l'un des plus grands et des plus célèbres illustrateurs italiens.

NOTES PERSONNELLES

....
....
....
....
....
....
....
....
....
....
....
....
....
....
....
....

....
....
....
....
....
....
....
....
....
....
....
....
....
....
....
....

....

....

....

....

....

....

....

....

....

....

....

....

....

....

....

....

....

....

....

....

....

....

....

....

....

....

....

....

....

....

....

....